나상기 **詩寫集**

기다림의 꽃, 그리움의 풍경

나상기 詩寫集

기다림의 꽃, 그리움의 풍경

2018년 11월 2일 초판 1쇄 인쇄
2018년 11월 9일 초판 1쇄 발행

지은이 | **나상기**
펴낸이 | **김영호**
펴낸곳 | **도서출판 동연**
등 록 | **제1-1383호(1992년 6월 12일)**
주 소 | **서울시 마포구 월드컵로 163-3**
전 화 | **(02) 335-2630**
팩 스 | **(02) 335-2640**
이메일 | **yh4321@gmail.com**

잘못된 책은 바꾸어드립니다.
책값은 뒤표지에 있습니다.
ISBN 978-89-6447-475-4 03660

사진을 시로 읽는다

나상기 詩寫集

기다림의 꽃, 그리움의 풍경

나상기 글/사진

동연

꽃을 보고 풍경을 보고

어느날 문득 마음이 허전하였다.

내가 살아오면서 마음에 담고 있었던 중요한 것이 없어진 듯하였다.

이른 새벽 붉은 여명이 오르는 無等山을 바라보며 잃어버린 뭔가를 찾아 나선다.

어둠을 뚫고 일어서는 햇살, 모두가 조용한 아침고요에 깊은 숨을 내쉰다.

내가 살아온 삶의 여정을 뒤돌아 보았다.

정겨운 고향 영암에서 신북초등학교를 다니다가 소위 광주로 유학와서 수창초등학교에 5학년으로 전학한 후 졸업하였고, 북성중학교와 살레시오고등학교를 졸업하였다. 살레시오고등학교 다닐 때 광주YMCA 하이-Y 진주클럽을 만들어 활동하였고, 70년대의 엄혹한 박정희 유신 시대에 숭실대학교 기독학생회와 한국기독학생회총연맹(KSCF), 학생사회개발단(학사단) 활동을 하고, 1973년에 전국 회장을 맡는 등 기독학생운동에 참여하였다.

1974년 4월 민청학련사건에 배후세력으로 구속되어 군사재판에서 징역 20년형을 받았고, 1975년 2월 석방된 이후 1976년부터 농민운동에 투신하여 기독교농민회를 조직하였고, 1990년 농민운동 통합을 위해 전국농민운동연합을 거쳐 전국농민회총연맹을 건설하는데 함께하였다. 이후 재야인사들과 함께 1995년 새정치국민회의 창당에 참여, 수평적 정권교체에 헌신하고, 1998년 12월 대통령선거 승리 및 1999년 2월 김대중 대통령 국민의정부 탄생에 기여한바 있다. 그리고 2000년에 공기관에 들어가 공기업 경영에 참여하였다.

20대에 기독학생운동, 30대에 농민운동, 40대에 정치활동, 50대에 공기관 운영, 60대에 재야운동 등 인생에서 가장 열심히 살아온 지난 오십여 년의 여정을 돌아보고, 이제 칠순 古稀를 맞아 삶을 비우고 그 여백을 채우고자 한다.

그동안 살아온 삶의 여정이 거치른 광야에서 民主主義와 民衆生存權을 외치다가 거칠 대로 거칠어진 마음, 어쩌면 마음이 공허해진 것이 아닌가.

현대사의 어두운 질곡의 시대에 일찍이 아버님을 여의고 외아들로 홀로 어머님과 함께 살아온 세월, 그 지난 칠십여 년 동안 기도하며 불의에 저항하고 운동하면서 살아온 삶이 어느날 갑자기 뚝 끊긴 시간이 되어 허전해진 것이 아닌가 싶다.

우리는 마음의 행복을 위해 살고자 한다.
그 마음에 행복을 채우며 살아가고 싶어 한다.

메마른 마음에 갈증을 느끼고
어느날 찾아온 마나님의 고통과 함께 뒤늦은 외출을 시작했다.
집밖을 여행하며 꽃을 보고 풍경을 만났다.
꽃을 보고 사진을 찍기 시작했다.
풍경을 찍고 마음에 미소를 지었다.
꽃과 풍경을 보고 울림이 있었다.
메마른 마음에 갈증이 조금씩 해소되기 시작했다.

어느 날부터 매일 아침 선후배 친구들에게 카톡으로 밴드로
꽃 사진에 묻어 있는 꽃향기를 배달하기 시작했다.
그리고 종종 페이스북에 사진을 올리고 글을 썼다.

세상에 기다림이 있고 그리움이 있다.
사람들이 그리움을 기다린다.
꽃들의 기다림과 그리움을 본다.
풍경에서 그리움과 기다림을 본다.
꽃은 향기로 사랑하고

사람은 마음으로 그리워한다.

기다림에 그리움을 노래하고,
하나님의 역사를 기다리고,
세상의 해방을 그리워하며,
자신에 대한 그리움으로 자신을 기다린다.
그리움을 달래고 그 시간을 기다린다.
나를 기다리고 나를 그리워한다.
나의 존재를 존중하고 나의 삶을 사랑하자.

내 마음에 생각하는 것을 이야기로 쓴다.
내 생각을 찍고 내 마음의 이야기를 적는다.
그게 寫眞이고 詩다.
寫眞은 빛을 그리고, 詩는 마음을 적는다.
꽃을 찍고 사진을 시로 읽는다.
풍경을 찍고 사진을 시로 읽는다.
나는 시인은 아니다.
그냥 詩的 감수성으로 내 마음의 이야기를 할 뿐이다.
詩로 읽는 사진, 나상기 詩寫集을 만들어 본다.
내 생각을 모아 내 마음의 이야기를 담는다.

5년 전 하늘나라에 가신 영원한 나의 戀人 어머니가 그립습니다.

사랑하는 마나님 이종옥과 자녀 나유진, 나의찬, 나지현에게 따뜻한 마음을 전합니다.

사진 전시회와 詩寫集을 만드는데 도움을 주신 많은 선후배 제현들께 감사합니다. 그리고 흔쾌히 출판해 주신 동연출판사에게 감사합니다.

2018. 10

무등산 자락에서

나상기

축사

나상기 옹(翁) 시사집 발간에 부칩니다

김상근(목사, KBS 이사장)

우리 나상기를 뭐라 호칭할까? 잠시 망설였습니다.

그 옛날 그를 만나 함께 살았던 시절을 생각하면 이름을 불러도 허물이랄 것 없을 것 같습니다. 하지만 고희를 기념하여 책을 낸다는데 이름을 생으로 부르는 것은 예의가 아니지요.

그가 대학시절 다니던 교회의 담임목사라고 해도 그건 예의가 아니지요. 그럼 선생이라 할까? 우리 사이가 선생이라 부를 사이는 아니지 않은가. 그럼 뭐라 할까? 고희라니 '옹'이라 하자. '풋' 웃음이 나옵니다. '옹'이라니 말도 안 돼. 백세 시대에 겨우 일흔 살, 옹이라 하기에는 너무 젊습니다. 그것 또한 자연스럽지 않습니다. 그래도 옹이라고 합시다. 웃자. 즐거운 날이고 즐거운 일이니 웃읍시다.

나 옹과 나는 내가 목회하던 교회 대학생 신도와 목사로 만났습니다. 그는 예배에 충실히 참예했습니다. 주일 아침이면 항상 혼자서 조용히 교회당을 찾았습니다. 교회생활에 열심이지는 않았습니다. 교적은 수도교회에 두고, 활동은 한국기독학생회총연맹(KSCF), 기독교농민회 같은 운동단체에서 일했습니다. 그러나 목사인 나는 주일예배에 참예하는 것만도 고마웠습니다.

어느 주일날 아침 나상기 학생이 건장한 사람들에게 납치되는 것이었습니다.

30개 남짓 계단 아래 길에서 납치되는 것을 나는 목도해야 했습니다. 1974년 어느 주일날 주일예배 직전 수도교회당 앞에서였습니다. 돌계단을 한달음에 내려 뛩겼습니다. 이미 지프차는 저 만큼 가버렸습니다. 허탈했습니다. 목사인 내가 불의한 권력에 끌려가는 교인을 지키지 못했다는 자괴감이 몰려왔습니다. 이른바 민청학련사건 때였습니다. 그는 꽤 긴 옥살이를 했습니다.

감옥에서 나와서는 하는 일없이 빈둥거렸습니다. 나에게는 그리 보였습니다. 뭔가를 기획하고 조직하고 저항하고 판을 키우고 있는 듯 했습니다. 저에게 이실직고하지 않았습니다. 물어볼 수도 없었습니다. 교회당에 와서 지낼 때가 많았습니다. 끼니때가 되면 같이 밥 먹자 했습니다. 우리 집 밥상에서 함께 밥을 먹을 때 입을 열지 않을까 기대했습니다. 끝내 속내를 드러내지 않았습니다.

'그래 나에게도 비밀인가. 어쩔 수 없지. 밥이나 먹어라.'

어느 날 불쑥 결혼을 하겠으니 주례를 해달라는 것입니다. 예비신부는 알만한 분이었습니다. 결혼식 전날이었던가, 2, 3일 전이었던가. 나는 수사기관에 연행당했습니다. 수사관에게 결혼주례만 하고 다시 오게 해 달라고 수없이 사정했습니다. 하지만 안 되는 겁니다. '결혼주례를 어떻게 하지?' 발만 동동 굴렀습니다. 나중에 들었습니다. 나를 아무리 기다려도 오지 않으니까 하객 중 한 분에게 주례를 부탁하였다는 겁니다. 얼마나 미안했던지 모릅니다. 나 옹과 나 사이에는 이렇게 이런 저런 인연이 있습니다.

우리 둘도 예외없이 나이가 들어갔습니다. 교인과 신도 사이도 아니고, 운동가와 운동가 관계도 아니었습니다. 어느덧 친구였습니다. 지금은 오랜 친구 사이 이상도 이하도 아닙니다. 옹과 나는 친구입니다.

친구가 가끔 자기가 찍은 사진을 보내오곤 합니다. 거기에 시를 써서 달더라고요. 아, 이게 친구의 진짜 모습인가 하고 의아하기도 했습니다. 주로 꽃을 찍어요. 경치를 찍습니다. 거기 운동성 같은 것은 없어요. 거기 인생이 있습니다. 거기서 친구의 철학이 들려요. 나이 탓인가. 그는 진정 아름다움을 더듬는 더듬이를 가지고 있는 겁니다. 아, 이 모습이 친구 나상기인가? 친구의 진면목인가?

그의 참 모습은 이것이었던가 싶습니다. 시대가 그를 사납게 만들었던 겁니다. 아니, 친구의 가슴에 있는 그 시성(詩性)은 진리를 좇는 힘이었던 겁니다.

아름다움은 진리입니다. 아름다움은 사랑이며 생명인 것을 친구의 시에서, 카메라로 담아낸 작품에서 넉넉히 읽습니다. 그의 더듬이는 아름다움을 오래도록 좇을 것입니다.

우리 모두, 그의 더듬이를 공유했으면 합니다.

우리는 항상 함께하는 동지였습니다

권호경(목사, 한국기독교민주화운동 이사장)

가을 초입의 어느 날, 저는 한 통의 전화와 그리고 이메일을 통해 두툼한 원고를 받았습니다. 그 원고에는 사진을 찍는 나상기 동지의 모습과 더불어 꽃을 비롯한 각종 자연을 담은 사진과 시가 들어있었습니다. 저는 출력을 해서 그 원고를 단숨에 읽어 내려갔습니다. 사진 한 장에 한 편의 시가 적힌 원고에는 꽃과 관련된 내용이 많았습니다.

그런데 저는 그 사진과 시를 보면서 놀라지 않을 수 없었습니다. 먼저 놀란 것은 언제 이 많은 작품을 사진으로 찍고 시를 쓰고, 또 정리해 두었던가 하는 생각 때문입니다. 그리고 그 뒤를 따라 놀라웠던 것은 전문가 못지않은 사진과 내공과 연륜이 담긴 시의 내용이었습니다. 사실 저는 나상기 동지에게 이러한 재주와 능력이 잠재되어 있었다는 것을 그동안 알지 못한 제 자신이 더 놀라웠는지도 모릅니다.

나상기 동지와 저는 아주 오래전부터 교류해 왔던 사이입니다. 아니 이렇게 평범하게 서술한다면 서운할 정도로 그와 나는 지난 세월이 가져다준 '상처의 영광'을 함께 견디며 지내왔다고 할 수 있습니다.

제가 나상기 동지와 함께하기 시작한 것은 1970년대 전후부터입니다. 젊은 날의 한 시절을 함께했던 그야말로 동지였지요. 처음 그를 만났을 때 그는 대학생이

었고, 저는 빈민조직운동에 푹 빠져 일을 할 때였습니다.

당시는 5 · 16 군사 쿠데타로 정권을 잡은 박정희의 포악성이 겉으로 드러나고 있을 때였습니다. 1969년 9월 일어난 3선개헌을 시작으로 1972년 10월 있었던 주민투표와 곧이어 공표한 유신헌법, 그리고 위수령과 계엄령 등을 선포하면서 1974년 1월 긴급조치 1호를 시작으로 박정희 정권은 뜻있는 자들을 옭아매고, 반대하는 이들의 말문을 강제로 막았습니다. 무지막지한 주민 통제 수단들이 발동되던 시절이었습니다.

이즈음 저는 광주를 자주 드나들었습니다. 울분에 찬 젊은이로서 답답할 때도 가고, 혹은 쫓길 때도 그곳을 찾아 들었습니다. 갑갑한 마음에 무등산에 오르면 가슴이 확 트였던 순간이나 자주 다닌 펌푸집의 해장국 맛도 생생히 떠오를 정도로 그 시절의 기억은 지금도 생생합니다.

광주에 가서 여러 선후배님들을 보면 그래도 희망 같은 것이 생겼습니다. 쫓기는 신세라서 여관에 갈 수 없어 노숙할 처지일 때도 기꺼이 받아주셨던 어르신들이 광주에는 있었습니다. 존경하는 조아라 장로님은 늘 스스럼 없이 저를 받아주셨고, 방학 때면 나상기 동지의 어머니 댁에서 신세를 지는 것도 여러 번이었습니다. 비단 저만이 아니었지요. 거의 항상 김동완 동지와 함께할 때가 많았습니다. 광주 그곳은 내 고향보다 더 친근한 고향 같았던 시절이 내겐 있었습니다.

이처럼 광주의 정을 느낄 수 있게 했던 사람 중의 한 명이던 나상기 동지와 저는 잊을 수 없는 사건으로 얽히게 됩니다. 그것은 1973년 남산 부활절 연합예배에서 비롯한 소위 "내란 예비 음모 사건"이었습니다. '남산 부활절 연합예배' 사건은 일체의 비판도 허용하지 않는 유신체제에 대해서 종교인으로서 나라를 위해 기도하면서, 플래카드와 전단지를 통해 막혀있는 언론을 꾸짖고, 위정자에게 회개를 요구하는 등 최소한의 행동을 기획했던 일이었습니다. 하지만 제대로 일을 치르지 못 했기 때문에 성과 없이 끝난 일이었습니다. 다만 부활절 전날 전단지를 받은 한국기독학생회총연맹(KSCF) 회원들이 부활절 예배가 끝나고 귀가하던 교인들에게 전단지를 일부 나눠줬을 뿐이었습니다.

그렇게 끝난 일이 60여 일이 지나 육군 보안사령부로 불려가면서 '내란 예비 음모'로 확대된 것이었습니다. 당시 KSCF 회장이던 나상기 동지와 저는 소위 서빙고 호텔이라 불리는 보안사 분실에서 고문을 받을 때 이 사건과 관련하여 얽혀 들게 됩니다.

당시 우리는 누구나 그랬듯이 어떤 사건이 탄로되어 조사를 받게 되면 일단 관련자 숫자를 줄여야 된다는 인식을 같이 했습니다. 그 일을 처음 기획했던 저로서는 우선 이 사건에 개입된 분들 가운데 수도권도시선교위원회 실무자 중에는 오직 한 명이었던 고 김동완 목사님은 빼야겠다고 생각했습니다. 왜냐하면 제가 감옥에 가게 되고, 김동완 목사님도 감옥에 가면 수도권도시선교위원회가 마비될 것 같았기 때문이었습니다. 어떻게 하면 김동완 목사님을 이 사건에서 뺄 수 있을까 고민하던 중에 마침 좋은 기회가 있었습니다. 그것은 보안사 요원들이 좁은 엘리베이터 안에 김동완 목사님과 저를 같이 태웠기 때문입니다. 이때 저는 김동완 목사를 보고 "김 목사가 웬일이야, 이 사건은 당신과는 아무 관계가 없는 사건이야"라고 조용히 말했습니다.

사실 저는 김동완 목사님의 고모부가 '군대에서 별'이라는 사실을 알았기에, 저들이 꾸민 이 사건에 그의 고모부가 힘을 쓰면 김동완 목사는 빠질 수 있을 거라고 판단했습니다. 다행히 그날이 수사 첫날이라서 그런지, 김 목사님을 붙잡아 온 사람들은 보안사 수사팀과는 관계가 없어서인지, 아니면 사건 관련자를 같은 엘리베이터에 타게 한 실수 때문인지 그들은 서로 마주하면서 그냥 모른 척해주었습니다.

제가 이 사건을 조직할 때 플래카드는 남삼우 씨를 통해서 주민조직관계를 돕던 판자촌의 진산전 씨를 비롯한 사람들에게 맡기고, 전단지는 김동완 목사님을 통해서 기독학생회총연맹 회장이었던 나상기 동지에게 맡기기로 각각 협의했었습니다. 그 때문에 이 사건에서 김동완 목사님만 빠지시면 그 다음은 나상기 동지가 전단지를 책임지면 되는 상황이었습니다. 이제 남은 것은 내가 나상기 동지에게 '오장동 수향여관'에서 "주여, 어리석은 왕을 불쌍히 여기소서" 등 열 개의 전단 내용을 주었다고만 하면 되는 것이었습니다.

그리하여 날마다 전기고문 등 모진 고문을 견디면서도 저는 "전단 내용은 나상기 동지에게 주었다"라고 계속 주장을 했습니다. 그렇게 한 7~8일이 지나도 내게

같은 대답만 들었던 수사관이 "도저히 안 되겠으니 나상기와 대질 심문을 하겠다"라고 했습니다.

그 말을 듣고 저는 얼마나 기뻤는지 모릅니다. 드디어 나상기에게 나의 의중을 전달할 수 있기 때문입니다. 그렇지만 수사관은 "나상기를 보여 줄 터이니, 말은 하지 말라. 유리로 가려 있으니 너는 안의 사람을 볼 수 있지만 안에 있는 나상기는 너를 보지 못한다"라고 윽박질렀습니다. 하지만 저는 이때다 싶어, 나상기 동지를 향해 "야, 내가 수향 여관에서 전단 문건을 주었잖아" 하고 큰소리로 외쳤습니다.

그때 그 일로 나상기 동지가 얼마나 많은 고문을 받게 되었는지 몰랐지만, 나상기 동지가 그 말에 감을 잡아 사건의 방향을 제가 의도한 대로 해 줄 거라는 생각에 그냥 한없이 기뻤습니다. 그것은 서로에 관한 믿음이 없으면 하지 못할 일이었습니다.

다행히 하루가 지나자, 김동완 목사님은 빠지고 제가 나상기 동지에게 전단지를 만들라고 메모도 드리고 비용도 드린 것으로 정리되어 조사가 마무리 되었습니다.

그리고 석방 후 들은 이야기이지만, 김동완 목사님은 먼저 석방된 후 종로5가에 못 가셨다고 합니다. 이유인 즉슨 먼저 나온 것을 보고 "저 목사님은 프락치야" 하는 소문이 났기 때문이라고 합니다. 그러나 염려했던 수도권도시선교위원회는 잘 돌아가게 되었지요.

아마 나상기 동지는 지금도 이 사실을 자세히 모르실 것 같습니다. 이것은 제가 여기에서 처음으로 밝히는 이야기이기 때문입니다. 그렇지만 이 일로 인해 얼마나 더 많은 고문을 받으셨겠습니까? 그러나 우리는 이런 사실들을 말할 필요도 없던 그냥 동지였습니다.

나상기 동지께서도 그러한 일에 대한 몫을 짊어져야 한다는 시대적 소명으로 묵묵히 견디셨을 줄로 압니다. 또한 눈빛만 보아도 손만 잡아도 뜨겁던 열정과 우정을 느낄 수 있었던 우리들만의 깊은 믿음을 믿었기 때문일 거라고 생각합니다.

그래도… 용서를 또 빕니다.

이처럼 나상기 동지의 깊고도 해맑은 '마음'이 있었기에 오늘 이토록 많은 훌륭한 사진과 멋진 시를 탄생시킬 수 있었다고 생각합니다.

사람을 대하는 순수한 그 마음으로 꽃과 자연을 찍고, 시간과 인연에 대한 너그러운 시선으로 시대를 보던 간절한 그 마음으로 시를 쓰셔서 발간하신 "시사집"의 출간을 진심으로 축하드립니다.

축사

축하의 글 몇 마디

안재웅(목사, 한국YMCA전국연맹유지재단 이사장)

우리는 봄, 여름, 가을, 그리고 겨울의 계절 변화를 몸소 경험하며 살고 있다.
한 사람의 일생도 사계절의 변화와 비견된다.
나상기 동지의 칠순 역시 인생길 가을에 접어든 셈이다.
무르익은 곡식처럼, 탐스런 과일처럼, 그의 삶은 완숙미가 넘쳐난다.
참으로 아름다운 모습이다.

우리 주변을 둘러보자. 아름다운 꽃들이 만개해 있다.
이 꽃에 매혹되어 수많은 꽃 사진을 매일같이 우리에게 SNS로 선물해온 나상기 동지가 그것을 "시사집"(詩寫集)으로 묶어 출간하게 되었다.
꽃을 보는 남다른 시선, 꽃에 매료되어 사방팔방 쫓아다니는 열정,
꽃을 보석처럼 카메라에 담아내는 솜씨가 놀랍다.

꽃을 응시하고, 그 꽃에 몰두한 나머지 詩語의 열매가 "시사집"으로 완성되었다. "시사집"에서 그는 사진작가로, 또한 시인 초년생으로 칠순의 기쁨을 유감없이 뽐내고 있다. 참으로 자랑스러운 모습이다.

게다가 나상기 동지는 부부 작품전을 열게 된다. 겹경사다.
남편은 사진과 시로, 부인은 민화로 우리에게 새롭게 다가온다.
마침내 광주의 함성처럼!

나상기 동지 부부가 해로하면서 꽃의 아름다움으로,

민화의 그윽함으로 더욱 완숙한 삶을 이어가기 바라며

"시사집" 출간, 그리고 부인과 함께 여는 "사진-민화전시회"를 통해 많은 사람들의 축하를 받기 바란다.

축사

나상기 선생 詩寫集 출간에 붙여

김상윤(윤상원기념사업회 이사장)

오랜 벗이자 동지인 나상기 선생의 詩寫集 출간을 축하합니다.

詩寫集 출간과 더불어 부인 이종옥 여사의 민화작품까지 함께 부부전을 열게 되니 부럽기 짝이 없습니다.

이번 전시는 부부의 칠순을 기념하는 것이어서 그 의미가 남다른 데가 있습니다.

'기품 있게 늙어 가야지.'

어떻게 늙어가야 기품이 있을지는 잘 모르겠으나, 기품 있게 늙어가야겠다는 생각을 한 지 꽤나 오래 되었습니다.

우리 주변에는 소위 '운동권'이라 불리는 사람들이 많은데, 어쩐지 삶이 좀 삭막하다는 느낌이 들 때가 많았습니다. 아마 그렇게 살 수밖에 없었을지도 모릅니다.

1999년이던가? 제가 광주비엔날레재단 실무책임자 노릇을 하게 되었을 때, 나상기 선생이 이런 감탄을 하였습니다.

"우리 운동권의 영역이 확 넓어지는 것 같습니다."

아마 운동권 사람들은 문화니 예술이니 하는 분야에 대해 일정한 거리가 있다고 느꼈기 때문에 그런 감탄을 했을 것입니다.

그러나 사실은 혁명적 사고나 진보적 사고는 철학과 예술을 동반하는 경우가 대부분입니다. 운동권 사람들 역시 사실은 '자신의 몸으로' 예술을 하는 사람들입니다. 자신의 몸을 던져 이상적인 세계를 그려보려고 하는 사람들이라는 뜻입니다.

나상기 부부처럼 평생을 운동동지로 살아온 사람들이 몸으로 하던 예술을 이제 매체를 통해 표현하고 있습니다.

각설하고 나상기 선생이 종종 꽃 사진을 보내오더니, 몇 년 전에는 사진공모전에 입선을 했다는 소식을 전해왔습니다. 주장을 잘 굽히는 경우가 없으며 논리정연한 평소의 그답지 않게 꽃이며 아름다운 풍경 사진을 보내올 때마다 '이 사람 거듭나는 거야?' 하고 놀랐습니다.

작년에 저는 칠순이었습니다. 이종옥 여사가 칠순 선물이라면서 본인이 직접 그린 민화를 한 점 보내왔습니다. 정갈하고 깔끔한 작품이었습니다. '서방님이 꽃과 풍광을 사랑하더니 부인께서는 언제 또 민화 공부를 하셨나?' 생각하며 감동을 받았습니다.

부부가 본인들의 칠순 기념으로 함께 전시를 한다니 얼마나 부러운지요!
'아하, 저들이 진짜 기품 있게 늙어가는구나!' 그런 생각이 자꾸 듭니다.

차례

1부 꽃에 잡히다

봄

여름

CONTENTS

가을

겨울

차례

2부 풍경에 들다

봄

여름

가을

CONTENTS

1 꽃에 잡히다

봄

2016.3 순천 선암사

선암매

육백년의 세월 보내면서
진한 향기 간직한
선암사 梅花 仙巖梅
천연기념물 제488호
호남5매 중 하나로
仙巖寺 圓通殿 담장 뒤편에
육백년의 세월을 보낸 仙巖梅
봄날 햇살을 보듬고
산사의 기와지붕에 걸쳐 앉아
매화 향기 진하게 흩뿌린다
이 봄에 선암사를 들러
선암매 향기를 맡아보지 않고
어찌 봄을 맞았다 하겠는가

2017.4 장성 백양사

고불매

봄을 맞이한 白羊寺에
삼백오십년이 넘은
紅梅花 古佛梅가
향기를 진하게 뿌리고 있다
천연기념물 제486호
湖南5梅 중 하나인
白羊寺 古佛梅
연분홍으로 빛내는 紅梅
그 향기 은은히 다가와
봄날 山寺의 정취를 돋는다
꽃잎이 비처럼 내린다는
雨花樓 앞에 핀 古佛梅 향기에
백양사 절은 그만 취하고 만다

2018.3 전남대

대명매

호남5매 중 하나인
전남대 大明梅
민주나루 대강당 앞에
수령 4백년 쯤 되는 紅梅
그 향기 진하게 뿜어내어
캠퍼스를 흠뻑 적시고 있다
봄날 이른 아침나절
民主主義 심어놓은 전남대에
매화 향기 그윽하니
그 향기에 취해
찾아온 봄을 만끽하고 있다

2018.4 구례 화엄사

黑梅

지리산 노고단 자락
동트는 새벽
붉은 여명을 지나
아침 햇살 오르니
구례 華嚴寺 각황전
진홍의 매화꽃
햇살 머금고 피는 紅梅가 절정이다
선홍빛 검붉은 홍매화
진하디 진하여 黑梅라 부른다
아침 햇살을 머금고 피는
검붉은 흑매를 바라보며
기도하는 보살님
南道의 봄을 적신다

2018.3 광양

광양 매화마을

봄이 찾아오는 길목
섬진강을 바라보고
광양 매화마을에 들리니
청매화 홍매화 잔뜩 피어
온통 梅花에 봄 나들이 신났다
봄바람 사이를 헤치고 다가오는
그윽한 매화향기에 취해
春心에 봄을 만지며
계절의 향기를 품어 본다

2018.3 순천

수선화

봄날 노란 모자에
녹색 치마 입고
사랑의 소식 전하는 水仙花
나르시스의 자기사랑이기에
자존심 하나로 高潔하게
추위를 이기고 나온 水仙花
秋史 金正喜는
水仙化를 淸水眞看解脫仙이라
맑은 물에 핀 수선화야
解脫神仙이 너로구나
맑은 물가에 피는 神仙
水仙花를 바라보며
자존을 껴안고
나만의 사랑에 취해본다

2016.3 구례

산수유

꽃샘추위 겨울 끝자락
南道의 하늘아래
따사한 햇볕 그리워 하는데
스치는 바람에
구례 산동 산수유마을
노란 산수유
한창 피어
따사한 봄날을 데리고 온다
흐르는 계곡의 맑은 물가
산수유 꽃길 걸으며
노란 꽃잎 사이로 다가오는
산수유 향기에 취해본다

2018.3 담양 소쇄원

소쇄원의 봄

소쇄원 霽月堂 아래
光風閣 기왓장을 품고
봄소식을 전하는 산수유
노란빛으로 지붕을 덮고있다
비개인 하늘의 상쾌한 달
霽月堂에 걸쳐 앉아
비온 뒤에 해가 뜨며 부는 청량한 바람
光風閣 기와에 내려 앉은 봄
산수유 노랗게 색칠하고
소쇄원의 봄은
그렇게 다가오더라

2016.3 강진

목련

봄의 서곡에 피어나는
고귀한 백작부인 하얀 木蓮
하얀 실루엣 걸치고
고귀한 자태를 드러내는
하얀 木蓮
새벽이슬 머금고
하얀 꽃잎 젖히며
아침을 깨운다
따사한 봄날 햇살 아래
純粹의 마음으로
봄을 껴안은

그대 백작부인 木蓮
高貴한 자태에
타는 가슴 헤치고
봄을 노래하는가

2017.3 순천

할미꽃

따사한 봄날에
언덕 위 비탈길
땅을 내려다보고
피는 할미꽃
자주색 꽃잎 열어
햇살 품고
봄을 불러오는 할미꽃
고된 일 마다하지 않은
우리 할머니
꼬부랑 할머니
땅을 내려다보며
할미꽃이
그리움을 껴안고 핀다

2017.4 진해 여좌천

진해 벚꽃

진해는 온통 벚꽃이다
여좌천 로망스거리에
연인들 사랑을 껴안고
봄바람 사이로
흔날리는 꽃잎들
여좌천 물가에 내려앉아
흐르는 시간을 바라 보는데
봄은 저만치 가고 있네요

2017.4 화순

복사꽃

복사꽃 피는 마음
가슴에 담고 싶어라
사월의 청춘은 붉으스레 물든다
梨花에 月白하고
桃花에 日白하니
복사꽃 피던 날
립스틱 바르고
봄바람 사이로 거니는
그 여인의 품 안에서
진한 봄을 만나고 싶어라
복사꽃 사랑은 그렇게
분홍빛 가슴으로 다가온다

2017.4 고창

청보리밭

청명한 파란 하늘에
보리밭은 초록으로 물들고
유채꽃은 노랑으로 물들어
빛의 콜라보레이션을 이루고 있다
봄은 이렇게
싱그러운 청보리밭 사잇길로
유채꽃 향기 걸치고
파랗게 걸어가는
자유로운 靈魂이다

2017.4 광주

꽃마리

한 점의 순간에
時間이 걸린 듯
연한 하늘색 꽃잎
아주 작은 풀꽃
大地를 껴안고
사무친 그리움에 떠는
고독한 꽃마리
時間을 붙들고 告白한다
나를 잊지 마세요
나를 잊지 말아 주세요

2017.4 광주

꽃양귀비

꽃양귀비
신부를 유혹하고
신랑을 초대한다
꽃양귀비의 화려한 미소
젊은 날의 熱情을 회상하고
양귀비 꽃잎 같은
첫사랑을 떠올린다

2016.4 고창

금낭화

연분홍 고운 자태로
주렁주렁 아름답게
다가와
가슴에 내려앉은 錦囊花
담홍색의 고운 비단주머니
주루룩 걸고
애절한 사랑을 노래하니
겸손한 마음으로
멀리 당신을 따르겠습니다

2018.4 광주

철쭉

봄비 스치고
아침 햇살 오르니
붉은 철쭉
고운 잎에 빗방울 적시고
꽃술에
純粹의 사랑 걸린다
사월의 봄날
철쭉은
우리 山河를 끌어안고
봄비를 적신다

2018.4 담양

새우란

하얀 치마에
붉은 속살이
붉은 치마에
하얀 속살이
봄을 껴안고
피는 새우란
상큼한 향기
코끗 건들고
이쁜 미소에
봄날은 간다

2018.4 광주

민들레 홀씨

노란 민들레
봄에 찾아드는 민들레
山川 어디에도
드러눕는 노란꽃
이제 떠나야 할 시간
민들레 홀씨되어
봄바람에 흩날리는
자유로운 靈魂
춤추며 날아간다
대지를 품고 풀밭에 앉아
그리움으로 피어나는
민들레
멀리 멀리 날아서
그리운 平和의 꽃으로
봄날에 다시 만나요

2016.5 광주

은방울꽃

싱그러운 五月에
은은한 마음을 전해주는
오월의 香氣
은방울꽃
방울소리 뿌리는 듯
살포시 껴안은
女人의 마음이다
방울방울 걸린 사랑
다소곳한 미소로
순수의 靈魂이
아침을 깨운다

2017.5 구례

당아욱

봄의 끝자락에
유월을 기다리는
원숙한 女人
자줏빛으로
다가오는 기다림
그 사람
이제 뜨겁게 만나
여름을 맞이하자

2018.5 광주

자란

자줏빛 그대
자주색 난초 紫蘭
흰색으로 피는 白花紫蘭
다소곳이 大地를 바라보며
기도하는 그대가
고독한 상념의 시간이다
한겨울 찬바람에
전하려던 사연을
이제사
봄바람에 꽃잎 열고
전하고픈가

긴 줄기에 꽃대 받치고
꽃잎 가운데
꽃향기 뿌리는 그대
자줏빛 고고한 자태여
흰색의 기품 있는 자태로
고독한 미모의 女人이라

2018.5 광주

시계꽃

담장에 時間이 걸려있다
나는 지금 몇 時에 있는가
담벼락 시계꽃 바라보며
나의 時間을 찾는다
시간 너머로
넘어가는 시간에
자유로운 영혼이 있는
나의 時間을 찾는다

2017.5 광주

황매

거센 비바람 스치고
黃梅의 노란 꽃잎에
눈물이 젖어 있구나
꽃잎에 걸린 빗방울
봄날의 꽃향기 머금고
그대의 흐르는 눈물은
누구에게 바치는 건가요

2018.5.광주

찔레꽃

五月의 햇살 받으며
봄을 만지작거리는
은은한 香氣
하얀 찔레꽃 향기
그 향기에
내 마음 적시고
자유로운 靈魂을 노래한다
民主廣場 길가 모퉁이에
하얀 찔레꽃
그 香氣 맡으며
봄날은 저만치 걸어간다

2018.5 영광

해당화

海棠花 핀 마당에
美人의 잠결이 아련하다
당나라 현종이 심향전에 올라
봄날을 즐기던 양귀비를 불러
지금도 비몽사몽인가를 묻는다
楊貴妃 얼굴 붉히며
아직 잠 깨지 않은 海棠花입니다
해당화 피는 모퉁이에
미인의 숨소리 해당화 피고 있다

2018.5 광주

노란꽃창포

오월의 호숫가에
그리움이 있다
자태가 우아한
노란꽃창포
정숙한 그대
孤獨한 영혼으로
호숫가에 앉아
그리움을 노래하는
노란꽃창포
누구를 그리
기다리는 그리움인가요

노란 꽃잎
아래로 젖히고
님 그리는
그 마음이야
출렁이는 호수에 비길 건가

2018.5 조선대 장미원

오월의 장미

봄비 내리는 오후
진하게 다가오는
五月의 꽃
장미
비에 젖어
사랑의 눈물을 흘린다
내 마음 한 구석에
깊숙이 남아 있는
지난 시간들이 스쳐간다
고혹적인 장미 사랑
그대 젖은 아름다움에
내 마음도 그리움이 흥건하다

2016.5 강진

백작약

순백의 山中美人
수줍은 하얀 미소
백작부인 白芍藥
다소곳이 웃는다
소복으로 단장한
하얀 미인 白芍藥
수줍어 아름다운
그 향기 純潔하다

2018.5 무주

허브 캐모마일

땅에 나는 사과
허브 캐모마일
달콤하고 상큼한
사과향이
원추형 황금색으로 피었다
하얀색 꽃잎은 뒤로 젖히고
소언정 뜨락에서
노니는 여유로움이 그지없다

2018.5 순천

카라

오월의 봄날이
따뜻한 햇살 아래
한창 여유를 부리고 있는데
스치는 봄바람 사이로
카라의 노란빛이
계절을 초대한다
순결하고 따뜻한 꽃
노란 카라
천년의 사랑을 바친다

2018.5 광주

바위취

봄바람 사이로
흔들거리는 꽃
하얀 바위취
작은 꽃잎에
절실한 사랑
분홍무늬 새기고
그리움을 전하는
기다림이 걸려있다
작은 풀잎사랑
바람에 스치는데
바위취 꽃잎
절실한 사랑이다

2018.5 광주

아마릴리스

오월의 햇살 맞으며
진하게 다가오는
아마릴리스
은은한 아름다움에
화려한 색감으로 젖어오는
아마릴리스
바라만 보아도 설레는 가슴에
붉은 마음 달래기 그지없다

2017.5 광주

우단동자꽃

끝없는 그리움에
오월은 가고
한없는 기다림에
유월이 오네
우단동자꽃
벨벳드레스 떨쳐입고
기다림 너머
그리움으로 다가온다

여름

2018.6 담양

원추리

봄부터 피어
뜨거운 여름날에도 피는
노랑원추리
아침에 피었다가
저녁에 지고 마는
원색의 꽃 노랑원추리
꽃은 하루를 피었다가 시드는데
다시 피는 기다림에
원추리는 노란 미소만 짓는다

2017.6 광주

백합

순결한 꽃 하얀 백합
유월의 창가에 앉아
수줍어 하얀 속살 드러낸다
순수미인 백합
따가운 햇살에
하얀 미소 머금고 다가오는
순백의 백합화
꽃잎 살포시 열고 미소짓는다
고독한 여인의 향기
그 향기에 가슴이 젖는데
순결한 마음이 가슴을 물들이고
뜨거운 사랑은 여름을 품는구나

2018.6 전주

노란 백합

유월의 햇살 아래
산하의 들녘
뜨거운 미소 머금은
노란 백합꽃
순수한 여인의 마음으로
순결한 여인의 가슴으로
자유로운 영혼
뜨거운 시간을 달랜다

2016.6 광주

아부틸론

올망졸망 붉은 초롱 걸었다
겸손과 복종을 상징하는 꽃
아부틸론
고개를 깊숙이 숙이고
나는 당신을 사랑하노니
고백하는 아부티론
붉은 심장이 뛰놀고 있다

2016.6 광주

자귀나무

녹음이 짙어가는 계절
초여름 숲길에서 본다
가지마다 연분홍 꽃등
분홍실 하얀실 부챗살
여인의 화장솔 벌리는
자귀나무 부채모양 꽃
햇빛 넘어가는 밤에는
서로 마주보며 접히고
포옹하는 합환목 야합수
夫婦의 사랑은 그렇게
합환하는 자귀나무 불꽃이라
초여름 가슴 두근거리며
여름은 성큼 다가온다

2018.6 전주

접시꽃

곡진한 마음 애틋한 사랑
뒤태마저 고혹적인 꽃
아름다운 미소로 다가오는
당신의 접시꽃
접시꽃 사랑이여
긴 줄기에 걸쳐 앉은
진분홍 연분홍 하얀 접시꽃
모퉁이 길 돌아서
스쳐가는 바람 사이로
애뜻한 미소를 짓는다
뜨거운 햇살 받으며
분홍빛 꽃잎 젖히고
진한 사랑을 고백하는
고혹적인 여인이여

2017.6 광주

황금낮달맞이꽃

님 그리워
밤에만 꽃잎 열고 피는
달맞이 꽃
어이 그리 보고파
뜨거운 햇살 품고서
그리움 서둘러
낮부터 피는가
황금낮달맞이 꽃
님 그리는 마음 깊어만 간다
황금색 꽃잎에
끝이 없는 그리움 담아
그리도 기다리는데
나 그대의 젖어오는
기다림 한편에 앉아
그리움을 담아가고 싶다

2018.6 순천

인동초

유월에 들어서는 길가
초여름 따가운 햇살 아래
인동초
하얀색으로 피다가
노란 금색으로 피는 인동덩굴
金銀花라 부르는 인동초
학이 날개 펴는 듯
흰꽃 노랑꽃 활짝 펼치고
한여름 온 산하 길가
뜨거운 햇살 아래
인고의 세월을 버티고 피어 있다

2017.7 광주

분꽃

뜨거운 한나절이
뉘엿뉘엿 넘어갈 제
칠월의 한여름 오후
서서히 꽃잎을 열고
바람 소리에 살며시 피어나는
연분홍 분꽃이다
작렬하던 햇살 넘어가고
어두워지는 초저녁
수줍게 미소 짓는 분꽃이
순백의 꽃잎 열고
설레임으로 피어난다

늦은 밤 달빛 아래 풍기는
고독한 그 향기에
여인의 떨림으로 핀 꽃
순수의 아름다움이다

2016.7 광주

비비추

연자주색 비비추
백옥 같은 옥비녀 꽂고
다소곳이 고개 숙인다
한 여름 장마비 스치고
빗방울 물방울 매달려서
女心을 흔드는 눈물이어라
순수의 마음으로 기다리는
여인의 설레임이 다가온다

2016.7 순천

수국

한 여름 강렬한 햇살아래
한 송이 두 송이 꽃잎 모여
연한 자주색에서 하늘색으로
하늘색에서 연한 홍색으로
함께 모여 피는 水菊
뜨거운 세월을 유혹하는 시간에
한번 품어보고 싶던 첫사랑
그 아련한 추억을 더듬는다

2017.7 광주

참나리

뜨거운 여름날의 꽃
참나리
검붉은 점박이 꽃잎 젖히고
우주를 품은
참나리
황적색 꽃잎을 말아
꽃파마로 단장한
참나리
맑은 미소를 머금고
아침을 적신다
뜨거운 태양에
하늘을 뒤로하고
생명의 대지를 바라보는
참나리
빨간머리 앤의 순수한 마음을
붉은 꽃잎에 담아
여름을 껴안고 계절을 유혹한다

2016.7 제주

문주란

제주의 평화를 품은
문주란
하도리 또끼섬에 自生하는
제주특산의 꽃
문주란
천연기념물 제19호다
청초함이 깃든
문주란
장맛비에 꽃줄기 젖어
제주의 눈물로 피어있더라
제주는 생명이고 평화라는데

2016.7 담양

도라지꽃

청순한 처녀 가슴에 기다림으로
사랑을 고백하는 도라지꽃
먼 길 떠난 님 그리는 도라지꽃
하얀색 도라지 속 타고
자줏빛 도라지 애타는 심정
기다림은 그리움을 안고
그리움은 기다림을 품는데

2016.7 담양 명옥헌

배롱나무

나무에 꽃이 피는
배롱나무 목백일홍
보랏빛을 띤 분홍색 진한 꽃
명옥헌에 한창이더라
權不十年에 花無十日紅이라
막강한 권력도 십년을 못가고
열흘 붉은 꽃도 없다지만
목백일홍 진한 분홍꽃은
백일 동안을 피고지고 피고지고
산하에 붉게 타오르더라

2017.8.무안

연꽃

진흙 속에 피는 아름다움
팔월의 따가운 햇살 머금고
순결한 마음으로 다가오는 연꽃
꽃 중에 군자라
진흙탕 세상에서도 물들지 않고
예쁘게 피어 오르는 연꽃
離諸染汚
연꽃의 맑은 그 향기에
혼탁한 세상의 더러움
맑게 씻어 내리기를

2018.8 강진

수련

뜨거운 햇볕 아래
활짝 피었다가
해 떨어지는
여름 밤이 되어
꽃잎 오므리는 꽃
睡蓮
그 아름다움에
잠자는 미인의 미소
새벽이슬 머금고
물 위로 오르는 청순한 마음

뜨거운 태양을 품고
수줍어 꽃잎 젖히고
천상의 사랑을
고백하는 수련
수련의 마음은
불이 되는 그리움이다

2017.8 고창

기생초

한낮의 뜨거운 태양 아래
기생초 춤사위가 현란하다
향단이 산월이 매향이
전국 기생들 다모여
한판 벌린다
환장하게 무더운 뙤약볕 맞으며
뜨거운 가슴
열어젖히고 춤추는
기생초의 춤사위에 넋을 잃고
한참 머뭇거리다가
나도 덩실 한판 춤에 끼어든다

2017.8 제주

부레옥잠화

전설의 새 봉황을 닮은
날아갈 듯한 부레옥잠화
연한 보라색에 부드러운 눈빛
빗줄기 사이로
미소를 머금고 다가오는
여인의 젖은 마음이다
사파이어처럼
눈물의 보석으로
꽃잎에 물방울 달고
그리움을 전한다
공작새 꼬리깃털 닮은
아름다운 부레옥잠화
고요한 침묵으로 다가와
보랏빛 사랑을 노래한다

2018.8 강진

해오라비 난초

여름날 햇살 맞으며
하얀 날개 쭉 펴고
날아가는 백로인 듯
해오라기 닮은
해오라비 난초
보고 또 보고 싶어
그대를 바라만 본다
꿈속에서라도 보고 싶다
그대 비상하는 모습에
만나지 못하고 바라만 보는
남북이 그리워
그리워서 금강산에 날아간다

2017.8 영광 불갑사

진노랑상사화

영광 佛甲寺에
고유종 상사화
진노랑상사화가 피고 있다
노랑잎 젖히며
파도처럼 구불구불
님 보고파 볶은 줌마파마하고
바람 사이로 부는 설레임
이루지 못한 사랑을 기다리는가
잎이 지고 꽃이 피는
잎을 부둥켜안고 피는
꽃이 되고 싶어
기다리건만

잎은 가고 꽃대 올라와
상사화로 외롭게 핀다
서로 만나지 못하는
상사화의 사랑
나비 날아와 속삭임으로
나빌레라 사랑이련가
이룰 수 없는 사랑
한 여름 지나가는
佛甲寺 무각선원 앞 언덕에
진노랑상사화 피어 있다

2017.8 영광 불갑사

상사화

어이 그리
만나지도 못하고
잎 지고
꽃대 위로 홀로 서서
스치는 계절 그리움만 품고
애절하게 피어있는가
이루어질 수 없는 사랑이라
상사화를 보고 있노라니
내 가슴에 깊은 떨림이
더운 바람 사이로 지나간다
언젠가는 만나야 하리
그리움의 꽃
상사화 홀로 피어 있네

가을

2017.9 함평 용천사

꽃무릇

가을로 들어서는 길목
핏빛으로 붉게 물든
남도의 진홍빛 사랑 꽃무릇
애절하게 계절을 애무한다
영광 佛甲寺 상사화
함평 龍泉寺 꽃무릇
고창 禪雲寺 석산
온통 붉은 융단을 깔아 놓는다
잎은 지고 꽃대 오르니
꽃대 위로 꽃눈썹 열고
붉은 님으로 피는 꽃무릇
애달프고 절절한 그리움이어라

남도의 그리움은 이렇게
붉은 핏빛으로 물들어
님 만나지 못하고
가을바람 사이로 그리움만 스친다

2017.8 광주

만데빌라

고혹적인 매력으로 다가오는
분홍빛 만데빌라
우아한 女人의 아름다움
녹아들어 품격 있는 고독
진한 사랑의 꽃
분홍빛 만데빌라
비오는 날
마음을 잡는다

2018. 9

옥잠화

가을비 오던 날
순백의 女人
옥잠화 꽃잎에
순수의 시간들이
물방울로 걸려있다
하얀 옥비녀 마음에 꽂고
님 그리는 순수한 마음
애타는 가슴에 눈물로
기다리는 심정이야
하얀 마음 옥잠화는
고독한 영혼으로
기다림을 노래하는
순수의 그리움이어라

2018.9 광주

치자꽃

초가을 정취에
치자꽃 향기가
가을을 초대한다
하얀 꽃잎에
순결한 여인의 향기
그 향기에 취해
가을은 서서히 다가온다
순백의 치자꽃
아름다운 모나리자
그대 가슴에
이 가을을 품고 싶다

2017.9 창령

능소화

님 그리는 능소화
오지 않는 님 그리워
파란 하늘 하얀 구름
하늘만 바라본다
그리워 그리워하는
님 그리는 애간장에
한여름 뜨거운 햇살 보듬고
오매불망 그리움에 젖어
여름밤을 지새우는
능소화의
기다림은 그리움이라
그리움은 사랑이라
그 사랑 오래된 기다림이라

2016.9 장성

코스모스

가을비 스치는
남도의 산자락
가을바람 사이로
파란 하늘 품고
코스모스 한 송이
영혼이 자유롭다
계절의 한복판에
고독을 껴안고
가을을 노래하리

2017.9 여수

가을 바다 코스모스

가을 바다에
해 넘어가는데
분홍색 코스모스
소녀의 순정으로
햇살을 받으며
그리움 전하고 있다
가을 바다는
어부의 고깃배 띄워
지평선에 내려앉는
낙조를 품는데
넘어가는 석양은
아쉬워 눈시울 붉어진다

2016.9 광주

물봉선

가을비 밤비 내리고
무등산 자락 동적골의 아침에
붉은빛 짙은 자주색으로
줄기에 대롱대롱 물봉선
초가을 산자락 옹달진 곳에서
수줍은 듯 살며시 인사한다
홍자색의 물봉선을 바라보니
가을 정취가 가슴에 고인다

2016.9 광주

나팔꽃

추석이 지나는 길목에
남도의 아침 비가 나린다
나팔꽃 잎새에 걸린 빗방울
익어가는 가을을 매달고 있다
너무 빨리 익지 말라 하고
너무 늦게도 익지 말라는지
가을 아침 빗방울에 젖은 나팔꽃
삶의 시간은 자꾸만 말라가고
역사의 홀씨 하나 뿌리는
이 계절의 여유를 누려보고 싶다

2017.9 광주

나도사프란

여름 지나고 가을이 오는데
분홍색 나도사프란
다가오는 계절에 기대어 서서
줄기 끝에 한 송이 피어난다
지나는 계절의 아쉬움도
다가오는 계절의 셀레임도
분홍빛 나도사프란
한 송이에 담아
그리움을 기다리는
여인의 떨림을 본다

2018.8 담양

맥문동

가을이 다가서는
팔월의 마지막 날
장맛비 스치고
무등산 계곡 물가에
흐르는 물길을
無念無想으로 그냥
물소리에 바라보는
연한 자주색 맥문동
남도의 시간을 품고
계절을 보내고 있다

2016.10 광주

핫립세이지

정열의 붉은 입술
핫립세이지
립스틱 진하게 바르고
이 가을을 초대한다
가을은 깊어가고
고독한 마음 깊숙이 다가오는데
핫립세이지
첫사랑이 그립다
그 시간 마음 한켠을 적신다

2017.10 정읍

구절초

가을을 노래한다
가을의 합창이다
산야에 피는 들국화
연분홍색 꽃잎 열고
하얀색으로 피는 구절초
소녀의 순결이다
구절초가 노래한다
가을은 사랑을 싣고
구절초 피는 시간
구절초의 가을사랑이다
가을은 구절초 보듬고
순수의 고독이 영글어
추억을 그리는 시간이다

2017.10 영광

억새

바다를 향한 그리움에
가을날 억새는
바닷가 언덕에 올라
석양을 기다린다
구름에 가려
보이지 않는 햇살은
지평선에 내리지 못한다
구름은 붉은 낙조를 삼키고
억새는 그리움으로 홀로 서 있다

2017.8 광주

황화코스모스

그대 가을인가요
한낮 햇볕도 잦어들고
스며드는 계절의 향기에
하늘을 향해 기도하는
황화코스모스의 고독
지나가는 여름을 붙들고
울어에는 매미의
이별가는 깊어만 가는데
바짓가랑이 사이로 스치는 바람이
선선한 가을을 데리고 찾아든다

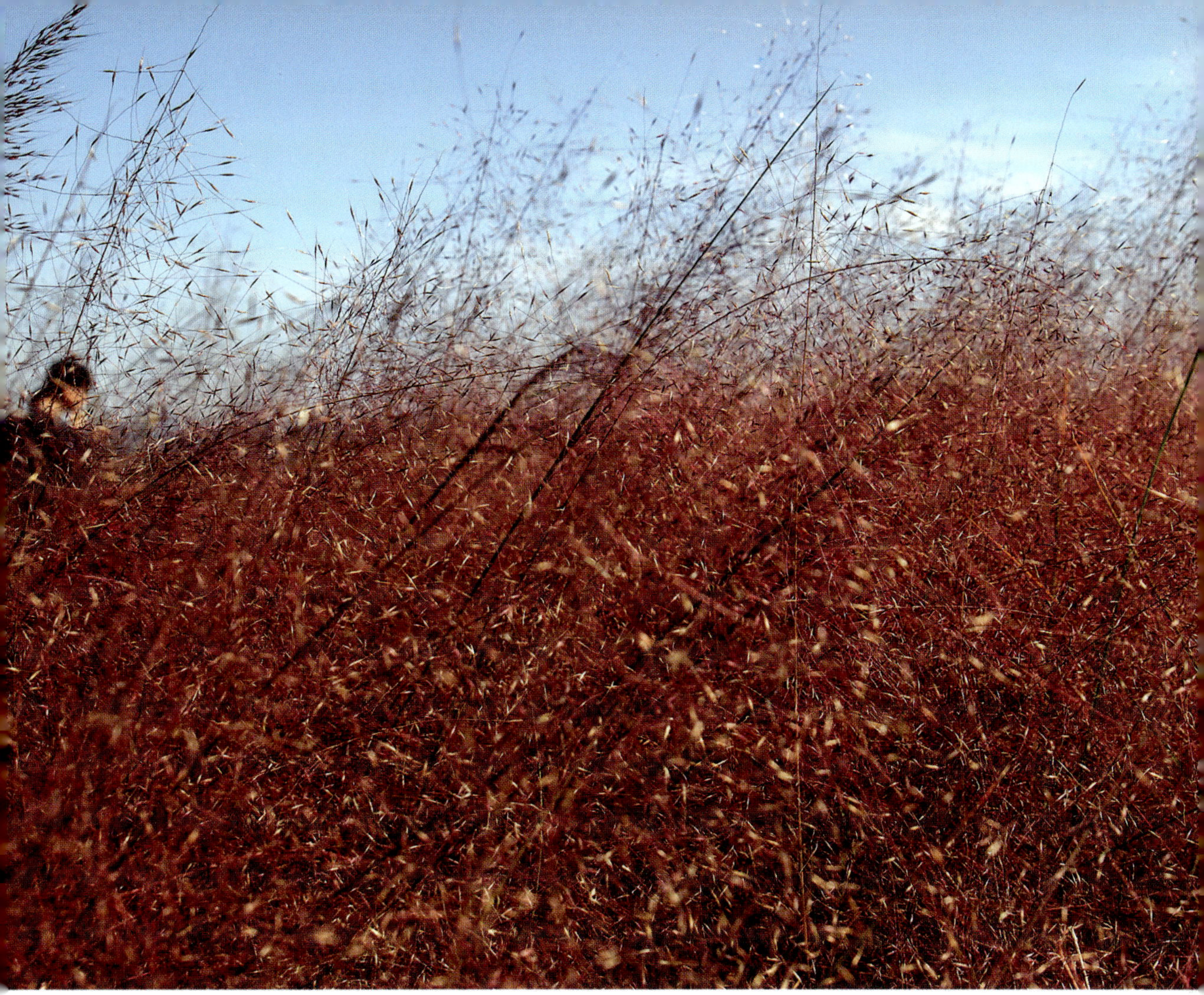

2017.10 영광

핑크뮬리

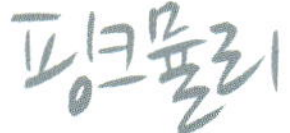

핑크빛 억새 핑크뮬리
바닷가 바람 사이로
가을을 진하게 유혹하더라
어느새 저만치 달려가는
붉은 가을
핑크빛 억새에 숨어든
가을사랑으로
내 마음도 붉게 물들이고 있다

겨울

2017.12 광주

동백꽃

한 겨울 찬바람 속에
하얀 눈발을 온 몸으로 껴안고
침묵으로 귀향하는
겨울꽃이 찾아온다
진하디 진한 붉은 동백꽃
매서운 추위에도
아름다운 자태를 뽐낸다
붉은 꽃잎 설레임으로 떨면서
그 아름다움 영원히 간직하려
가장 아름다울 때
자기 모가지를 뚝~ 떨어트린다
길가에 떨어진 冬柏을 밟지 마라
가장 아름다운 삶의 여백이다
삶과 죽음의 여유를 갖춘 낭만주의자
아니 어쩌면 혁명적인 낙관주의자
겨울에 가장 꽃답게 피는 동백꽃
그래 우리를 진하게 매료시키더라

2018.2 담양

복수초

한겨울 차가운 바람사이로
언땅을 뚫고 나오는 얼음새꽃
눈속에서 피는 연꽃 같다고 雪蓮化
설날에 핀다고 元日草
황금색 잔처럼 생겼다 하여 側金盞化
복과 장수를 가져다 주는 福壽草
화려한 꽃술에
찬바람 에워싸고 있는 노란 꽃잎
바람꽃과 함께 봄을 먼저 알리는
노란 福壽草
산허리 겨울숲 틈새에서
따사한 봄날을 데리고 온다

2017.2 부안

변산 바람꽃

봄이 찾아드는 보리밭 언덕에
기다림으로 그리움을 껴안은
변산 바람꽃
수줍어 고개 숙이고
찬바람 사이로 미소지으며
봄소식 전하고 있다
연한 자주색 꽃술에 하얀 꽃잎
그리움에 찾아온
변산아씨 바람꽃
그대 기다림으로 다가오는 소리에
봄은 저만치 깨어나고 있다

2016.2 순천 금둔사

홍매

한겨울 찬바람 사이
그리움으로 봄을 깨우는
금둔사 紅梅
음력 섣달에 피는 臘月梅
嚴冬雪寒에 그 향기 뿌리려
한 겨울 찬바람에 핀다
음력 섣달에
가장 먼저 피는 紅梅
봄을 알리는 금둔사 臘月梅
기나긴 겨울을 이겨내고
진한 기다림으로 피는
남도의 붉은 가슴
분홍빛 사랑이어라

봄은 그렇게
찬바람 속을 지나
嚴冬雪寒 눈 속을 헤치며
매화향기로 다가온다
梅一生寒不梅香이라
梅花는 한 평생 춥게 살아도
그 향기를 팔지 않는다

2018.2 순천 낙안읍성

능수매화

南道의 봄날에
늘어진 가지 휘날리며
능수매화
낙안읍성 고가의 창에 걸려있다
아직은 흰 눈이 쌓여 있는데
어이 찬바람 사이로
純白의 고결함에
하얀 꽃잎 다소곳이 내리고
봄향기 사랑을 휘날리는가
사랑은 그리움이고
그리움에 기다림은 사랑이련가
따사한 봄날이 그리워
한겨울 찬바람 속에 피어나는
梅花의 고결한 사랑이어라

2017.3 광주

雪中梅

雪中梅라 하던가
봄꽃 눈꽃 梅花라
봄날을 시샘하는
春三月에 꽃샘추위
春雪은 매화향기 품고
雪中梅로 다가오니
春來春 不似春이라
밤새 무등산자락에
눈발 휘날리더니
雪中梅 가슴에 품고
그리움을 애태우네

2 풍경에 들다

봄

2018.4 광주

운천호수

西湖 운천호수 벚꽃 야경은
봄날 호수가 가로등을 껴안고
물속에 내려 앉는다
빛고을 無等의 밤빛에
戀人들은 추억을 새긴다
호수에 비추는 화려한 불빛에
浪漫의 밤은 깊어 가는데
하얀 꽃잎 어느새 떨어지고
戀人들 꽃비 맞으며 봄날은 간다

2016.4 순천만정원

순천만정원

도시가 정원이다
순천만 국가정원
가장 아름다운
호수정원에 봉화언덕
마음을 고르고
번뇌를 털어내려
호수물길 따라
봉화언덕을 돌아
고독한 영혼을 달랜다
순천만정원에서

2016.4 영광 계마항

계마항 일몰

계마항 해 질 녘에
그리움으로 노을지고
등대 위로 해 걸린다
서해 바다 지평선 넘어
노을빛 햇살이 내린다
한 없는 기다림을
등대에 걸어두고
붉은 햇살은
고독한 영혼을 달랜다

2018.4 화순 세량지

세량지 물안개

봄을 부르는 사월에
아침 고요함이
물안개 피어오르는 순간
세량지에 찾아온다
산벚꽃은
세량제 물가에 내려와
새벽을 마시고
무등산을 넘어 오는 햇살은
아침을 보듬고
산등성이 언덕을 비추니
봄은 세량지에서 걸어나온다
세량지 물가에 내려앉은
산벚꽃에 물안개 피는 四月
세량제는 한폭의 동양화를 그린다

2018.5 순천

모정

오월의 햇살 맞으며
엄마와 아이는
봄꽃을 보고파
바람 사이로 총총 걸어간다
아이 손잡고 걸어가는
아름다운 母情
엄마와 아이의 뒷모습이
행복 가득한 시간이다

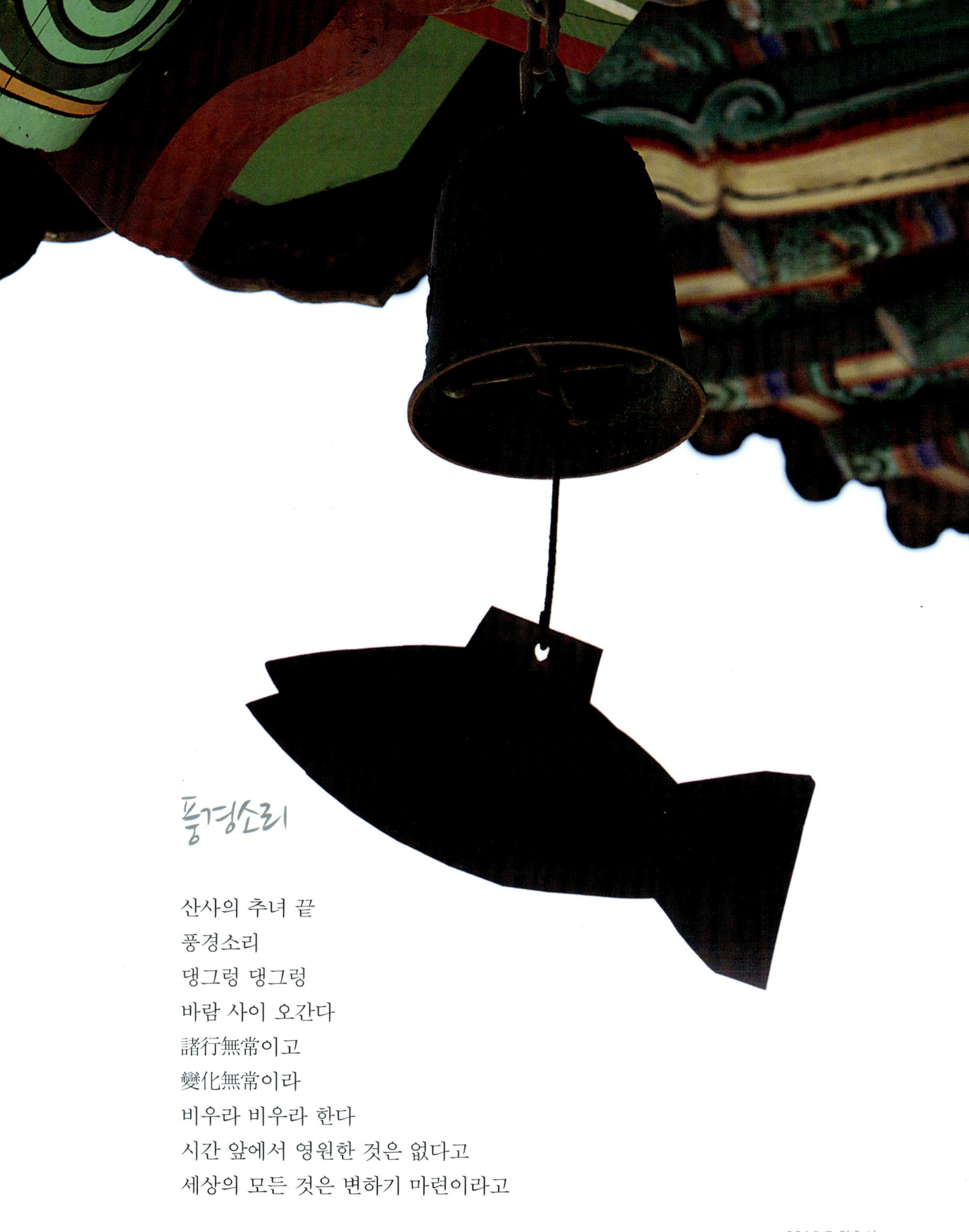

풍경소리

산사의 추녀 끝
풍경소리
댕그렁 댕그렁
바람 사이 오간다
諸行無常이고
變化無常이라
비우라 비우라 한다
시간 앞에서 영원한 것은 없다고
세상의 모든 것은 변하기 마련이라고

2016.5 원효사

여름

2018.6 광주 은빛순례

두 어른

유월의 햇살 아래 걷는다
현대사 굴곡에서 살아온
두 남자가 나란히 걷는다
종전을 기원하며 걷는다
평화를 소망하며 걷는다

2018.6 화순

정자의 여인

초여름 남산 언덕
정자에 기대어 있는
여인의 숨소리가
바람 사이로 흐르는데
한나절 시간을 붙들고
마음을 나누는 시간이다
채우지 못한 마음에
끝없이 다가오는 그리움 있어
파란 하늘 품고
정자에 기대고 있는
여인의 깊은 사색이
남산 언덕을 휘감는다

2018.6 광주

푸른 길

유월의 푸른 길
농장다리 지나
아침을 걷는다
신록이 우거진
푸른 숲 사이로
평화를 걷는다
푸른 생명들
아름드리 나무
자연을 걷는다
시간을 껴안고
자유로운 영혼
무아를 걷는다

2016.6 단양

도담삼봉

정도전이 어릴 적
島潭三峯에 심취하여
자신의 호를 삼봉이라 지었다
늠름한 남편봉인 장군봉
교태를 머금은 첩봉에다
돌아앉은 오른 쪽은 처봉이라네
남한강 한가운데 세 개의 봉우리가
가슴처럼 솟아 있다
정도전의 詩 한수 곁들어
은빛 인생 노부부는
소백산 죽령을 넘어
도담삼봉에 한참을 빠져 있다

山은 단풍잎 붉고
물은 玉같이 맑은데
석양의 도담엔 저녁놀 드리웠네
신선의 뗏목을 취벽에 기대고 잘적에
별빛 달빛 아래 금빛 파도 너울지더라

2017.6.16. 광주천

왜가리

봄날은 스쳐가고
한여름 들어서는데
무슨 그리움이 그리 애타서
광주천 한가운데 돌다리에
왜가리 한마리
누구를 그리 기다리는가
먼 발치를 지나고 마는
물고기 스쳐가는데
바람 사이로
바라만 볼 뿐 잡지 못 하는
애타는 심정이
기다리는 그리움이려니
만나지 못 하는 기다림이련가

2018.6 거제

바다 햇살

유월의 햇살이
바다를 비추니
어부의 마음은
시간을 달래고
추억을 만드는
연인의 가슴은
세월을 붙들고
바다를 걷는다

2018.6 거제

바람의 언덕

바람의 언덕에 앉아
해금강을 바라보며
은빛 인생 노부부는
바닷바람을 껴안고
지나온 삶의 동행을
아름드리 되새겨보며
지나온 시간을 만지작
익어가는 삶을 가꾸고자 한다

2017.6 슬로베니아

블레드호수

알프스의 눈동자
천년설 빙하에 녹아든 맑은 호수
슬로베니아 블레드호숫가에 앉아
알프스의 아름다움 품고
에메랄드빛을 풀어놓은
빙하호수를 바라본다
신이 창조하고
자연이 만들어 놓은
아름다운 블레드호수에
마음을 던지고
우주의 시간을 음미한다

2018.7 담양 소쇄원

소쇄원 光風閣

초여름 태풍이 비켜가니
비갠 뒤 햇볕이 나고
청량한 바람이 부는
소쇄원 光風閣
계곡의 맑은 물줄기
폭포수처럼 흐른다
신선한 바람 사이로
미끄러져 흐르는 물줄기
소쇄원의 고요한 시간에 서서
마음을 비우고 영혼을 채운다

2018.8 신안 증도

증도 일몰

천사의 섬 신안
해저유물을 담았던
출렁이는 바다에
작열하던 태양빛이
서서히 내려온다
멀리 보이는 작은 섬들 사이로
지평선을 바라보고
떨어지는
석양의 붉은 해는
서해 바다를 물들이고 있다
신안증도 바다
노을빛 붉은 사랑으로
짙은 그리움이 넘어가고 있다

2017.8 고흥

아침 바다

여름날의 아침 바다는
출렁이는 파도를 껴안고
해변을 거니는
여인의 가슴을 포옹한다
작렬하는 태양을 품고
불타는 바다는
그리움 찾아 달려오는
하얀 파도를 보내
여인의 마음을 휘어잡는다
바다의 아침을 품고
파도 소리를 보듬고 걷는
자유로운 영혼
푸른빛 여름 바다의 아침은
갓 목욕하고 나온 여인이다

2017.8 고흥 형제섬

해변의 여인

붉은 햇살 석양에 넘어갈제
고독한 영혼을 달래는
해변의 여인은 떨림이다
형제섬 사이로 노을지며
떨어지는 석양 햇빛은
서산으로 슬며시 내려가는데
고개숙여 바다를 거니는
해변의 여인은
여름날을 뜨겁게 껴안고
달빛 아래 그 님을 그리워 한다

2017.8 광주

고추잠자리

입추 지나 말복이 오고
가을이 성큼 다가서니
계절의 바람 사이로
가을이 오나보다
고추잠자리 날개짓하며
꽃대궁에 입 맞추고
반기는 숨소리에
선선한 가을바람을 데려오니
시간 한가운데에
여름날의 무더위는 슬며시 멈춘다

2017.8 고흥 해양공원

바닷길

여름 바다 가는 길
외로움에 젖어
그리움 찾아 가는 길
고독한 영혼을 달래고
뜨거운 여름 애태우며
바닷바람 스치고 가는 길
하늘과 바람과 바다와 파도
그리고 외로움과 그리움 안고
영원의 섬으로 가는 길
저 멀리 바다 지평선
섬 하나 홀로 기다리는 길
그 섬으로 가는 길을 바라본다

가을

2017.9 장성

가을 기도

지난여름은 무척이나 무더웠습니다
그 뜨겁던 햇살도 기울고
가을에 접어드는 九月입니다
선선한 바람에
추억의 상념에 젖어드는 계절입니다
잠자리 기도하고
풀벌레 노래하고
코스모스 흔들거리고
흰 구름 파란 하늘에
계절이 익어가는 가을입니다
삶의 여정도 익어가는 시간입니다

이제 가을입니다
가을은 사랑이 익어가고
가을은 빈손을 담아내는
가을은 기도하는 시간입니다

2016.9 화순

가을에

어느새 선선한 바람
밤새 찾아든 가을
無等山을 맴도는 흰 구름에
가을이 익어가고 있다
황금들녘의 끝자락에
농부의 시간은 익어가고
고추 말리는 아낙의 손길 바쁘고
흰 구름 흐르는 푸른 하늘에
가을은 추억을 불러내고 있다

2016.9 서울

덕수궁 돌담길

가을이 성큼 다가와
계절의 바람소리 안고
덕수궁 돌담길을 걷는다
옛 친구 만나서 걷고
첫 사랑의 추억을 떠올리니
젊음은 지나갔어도
덕수궁 돌담길은 그대로 남아
그리운 추억을 담는다
그리운 시간 스치는데
이 가을은 정녕
추억을 모으는 시간인가 보다

2017.9 광주

물방울

가을비 꽃줄기에
한 맺힌 눈물이 걸리고
빗방울 꽃받침에
남도의 恨이 걸려있다
뜨거웠던 지난여름날은
가을비에 촉촉이 젖고
찬바람에 계절은 깊어 간다

2016.9 화순

영벽정

화순 능주 지석강 상류
연주산 자락 강변에
조선시대 정자 暎碧亭
삼백년이 넘은 왕버들이
강변에 어깨를 늘어뜨리고
한가위 보름달을 기다린다

2017.9 무등산

무등산 일출

빛고을 光州의 신새벽
無等山에
붉은 햇살이 오른다
어둠을 헤치고
여명을 지나
일어서는 아침 해는
천왕봉을 오르고
빛고을 민주광장을 비춘다
빛은 어둠을 넘어
붉은 햇살을 품고 온다
어둠을 뚫고 빛이 온다
어둠은 빛을 이기지 못한다

2018.9 무등산

한가위 보름달

한가위 보름달
큰 가운데
광명세상 한 가운데
한가위 보름달
달밝은 밤에
빛고을 광주
무등산 위로
두둥실 떠 오르더라
세상을 밝히며
평화를 보듬고
한반도 보름달이
훤하게 떠오르더라

남북이 하나되어
강강술래
달 밝은 밤
보름달에 하나로 모여
강강수월래
달맞이 가자

2016.9 남원

가을 들녘

가을이 익어간다
들녘에서 익어가고 있다
파란 하늘을 품고
가을이 익어간다
智異山 둘레길
초가집 논두렁에
생명을 보듬고
가을이 황금빛으로 물들어 간다

2016.10 영암

월출산 가을

月出山 천황봉을 품고
영암 들녘이 익어간다
농촌 아낙네 마음에
황금빛 나락을 담고
지난여름 땀으로
생명의 땅을 적신다
식량인 나락을 보듬고
농부의 가을은 허전하다

2017.9 함평

밀재 운해

해보 밀재에 올라
한 폭의 水墨畵를 본다
붉은빛을 모으는 여명
짙은 운해 찬공기 가르며
월야 들녘을 서성거린다
밀재에서 바라보는
새벽 운해는
마을 골목길 지나
뒷산 허리를 휘감아 올라
한 폭의 水墨畵를 그린다
그리움을 전하는 자유로운 영혼
고독한 심정이다 이럴때

2016.10 함평

밀재 일출

밀재 언덕에 올라
여명을 가르고
무등산을 넘어 오르는
황금빛 아침 햇살을 맞는다
산등성이를 타고
해보월야 들녘에 오르는
붉은 햇살은
한 폭의 山水畵를 그린다
짙은 운해를 보듬고
월야 들녘을 비추는
아침 햇살은
가을 들녘을 품는다
어둠을 가르고 새벽을 깨우는
밀재의 아침
가을걷이 농부의 마음을 담는다

2018.10 서해상공

하늘에 걸린 석양

하늘을 날으는 창공에
서해로 넘어가는 석양은
삼라만상 우주를 가르며
붉은 노을빛
대지를 향해 내려간다
고요한 지구의 숨소리가
상공의 구름을 헤치고
하늘에 걸려 바다를 바라보는
붉은 석양빛
침묵의 시간으로 들어간다

2016.10 아산

공세리성당

가장 아름다운 성당
작아서 아름답고
오래되서 아름답다
아산 공세리성당
1922년에 벽돌로 지은 성당
수령 삼백오십년 된 보호수 팽나무
성당을 보듬고 문지기로 서있는
팽나무의 포금함이 아름답다
보호수 옆에 다정한 성모상이
고달픈 영혼을 달래주어 더 아름답다
교회건물이 이처럼 정겹고 아름답다니
하느님의 平和를 빕니다

2016.10 순천 낙안읍성

낙안읍성

오랜 성곽에 올라
樂安邑城 마을을 바라보니
즐겁고 편안한 민속마을에
노랗게 물들은 은행나무가
가을을 불러오는데
성곽길을 거니는 사람들
가을에 흠뻑 빠져
역사의 향기에 젖어
전통의 시간을 만나고 있다

2016.10 보성

녹차밭

10월의 끝자락
산비탈 허리를
휘감고 도는
녹차밭 사잇길
삶의 여백을 전하는
곡선을 따라
남도의 가을은
지긋이 저문다

2017.10 태안 운여해변

갯벌

바다는 갯벌을 키우고
갯벌은 물길을 품는다
물길은 갯벌을 껴안고
생명을 품고 살아간다
바다와 갯벌이 함께하고
물길과 생명이 함께한다

2017.10 태안

솔밭

솔밭은 가을바람 사이로
바닷가 해변에 내려앉는다
가을 햇살은 바다를 비추고
솔밭은 물속으로 들어가 눕는다
물가에 내려앉은 솔밭
하나가 둘이 되고
둘이 하나가 된다

2017.10 진도

세방낙조

서남해 명량해협 울돌목
진도대교 넘어 해안가
섬마을 산허리를 지나
남도의 붉은빛을 만나다
그리도 곱디 고운 석양빛
환장하게 붉은 세방낙조
바다로 떨어지는 햇살이
天上의 기운 모아
오메가를 그리며
서해로 넘어간다
珍島 세방낙조를 바라보며
하늘에 별이 된 천사들
그리움으로 다가오고
바다는 붉은빛으로 물들어 간다

2017.10 해남땅끝

맨섬 일출

해남 땅끝마을에
소나무 걸린 바위 사이로
새벽 여명을 가르고
붉은 햇살이 오른다
땅끝 맨섬 일출이다
한반도 땅끝에서
한반도 백두를 향해
새벽을 안고 일어서는 햇살
한반도 평화를 바라는 새벽 빛이다

2017.11 화순 세량지

세량지 가을

가을은 이제
세량지에 내려앉아
만추를 달래며
시간여행을 하고 있다
찬바람 사이로
낙엽은 세량제로 지는데
물가에 내려앉은
가을은
그리움을 비추고 있다

2016.11 곡성

곡성습지

차가워지는 가을아침
곡성 침실습지에 스며드는 새벽안개
고요가 깃드는 江가에
안개 사이로 흐르는 섬진강
강물 위로 홀로 서 있는 백로는
아침을 기다리는 침묵의 시간이다
안개 스치고 피어오르려나
침실습지 강가에 서서
물안개 기다리는 마음은
한 없는 그리움을 찾아
그 세월을 기다리는 심정이다

2017.11 담양

메타세콰이어 가을 길

만추에 길을 걷는다
메타세콰이어 길을 걷는다
추억의 길을 걷는다
아쉬워 가는 세월에
그리운 추억의 시간을 걷는다
늦가을 아침 찬바람 사이
앙상한 가지에 붉은 줄기
메타세콰이어 길
만추에 그리움 보듬고
추억의 시간을 걷는다

2017.11 장성

가을을 담는다

가는 세월이 아쉬워
물속에 떠있는 가을을
마음에 담는다
저만치 가고 있는 계절
못내 그리워 보내지 못하고
가을아 떠나려
단풍잎 만추에 걸리는가
가을사랑
내 마음에 가을을 담는다

2017.11 화순 우마사

단풍

가을이 머문 자리에
찬바람 스치고
가을은 떠나려 한다
왔으면 좀 더 머물지
벌써 저만치 가고 있는
가을이 아쉬워 그냥 바라본다
바람 스치고 햇살 비추니
시간은 고독한 영혼을 달래고
계절은 이미 晩秋로 달려가고 있네
가을의 끝자락에 걸린
붉은 단풍잎이
산사의 기왓장에 걸쳐 앉는다

2016.11 나주

영산강 일출

남도의 젖줄 영산강에
새벽안개 오른다
어둠을 가르고
아침 햇살 오른다
나주 들녘을 지나
구불구불
큰 물줄기 모아
새날 새 아침을
서해 바다로 밀고 간다
榮山江은 떠오르는 햇살을 안고
그 날이 오기만을 기다리는
민주의 강물이다

2018.10 진안

마이산 코스모스

가을이 익어가는데
마이산을 바라보는
코스모스는
청명한 하늘을 품고
가을바람 사이로
신명나게 춤을 춘다
이 가을에 나는
마이산을 바라보며
코스모스 춤바람에 어울려
기다림으로 그리움을 노래하고 싶다

2017.11 지리산 노고단

노고단 운해

민족의 영산 지리산
지리산의 영봉 노고단에 오른다
국모신 노고할매의 품속에
능선을 휘감고 도는
노고단의 雲海를 바라본다
무넹기 전망에서 새벽 여명을 업고
화엄사를 감싸 도는 구름바다를 바라본다
저 멀리 봉우리와 봉우리 사이를
한없이 거닐고 노니는 운해
장강으로 흐르는 듯
구름바다를 이루는 노고단 운해

태고의 신비의 절경에 빠져
몸과 마음은 그대로 자연이 된다
노고단 정상에 오르는 길목에
떠오르는 햇살은 지리산 능선을 비추고
천상의 운해는 지상을 밝히면서
서서히 피아골 계곡을 지나 내려간다

2017.11 해남

해남 들녘

가을이 지나갑니다
풍성했던 알곡은
농부의 마음에 담았습니다
가을이 지나가는 들녘에
아침안개 자욱이 깔리고
농부의 마음은 허전합니다
수확의 땀방울이 아쉽습니다
먼 山 바라보며
막걸리 한 잔에 가을을 달랩니다
농부의 마음은
자연과 함께 하늘의 뜻에 따라
생명을 보듬고 살아갑니다
農心은 天心입니다

2017.11 정읍 내장산

우화정

거울같은 맑은 물에
붉게 물들은 단풍이 비추고
물안개 피는 새벽 연못에
단풍을 베고 앉아 있는 정자
내장산 우화정의 새벽을 맞는다
한 폭의 그림 속 연못
새벽 물안개에 붉은 단풍이 어울어진
신선이 찾아올 듯
신비한 자연의 합창이다
마음을 비우고 자연을 산책하는 영혼
만추로 달려가는 가을을 품는다

2017.11 제주

자구내 포구

제주 차귀도 자구내 포구
늦가을 바닷바람 사이로
한치전시회가 열리고 있다
다리가 한치 밖에 안되어 한치라
제주에서 한치라 불리는 오징어
제주의 속담에
한치가 쌀밥이라면 오징어는 보리밥이다
한치가 인절미라면 오징어는 개떡이다
오징어보다 한수 위 대접을 받는
한치가 차귀도 바닷바람 맞으며
풍성한 가을 전시회를 열고 있다
수월봉에서 차귀도를 바라보며
한치들 함께 모여
제주의 평화를 기원하고 있다

겨울

2016.12.9. 국회앞

국민탄핵의 날

12.9 국민탄핵의 날
국회 앞 여의도 광장
박근혜 탄핵!
박근혜 퇴진!
광장의 민주주의가 외친다
국들의 함성이
의회민주주의에 요구한다
박근혜 탄핵을 통과시켜라
외치고 외친다
드디어 국회의사당의 망치가
박근혜 탄핵 가결!
광장에 가득한 함성
촛불민주주의 만세!
광장민주주의 만세!

2017.12 여수 무술목 해변

무술목 해변

새벽 여명을 지나
여수 무술목 해변에
붉은 햇살 오르는데
파도는 부드럽게
몽돌을 껴안고
다시 오마 이내 돌아선다
저 멀리 솔섬 사이
바닷바람 불어오면
파도는 격정으로
한 바퀴 휘감아 돌아
몽돌 사랑이어라

잠시 잠깐 만나고 헤어지는
몽돌사랑
격하게 부딪치고 떠나버리는
짧은 만남에
긴 미련만 남아
무술목 해변은 그리움이어라

2016.12 순천만

순천만 석양

한해를 마무리하는
12월 순천만에
갯벌 사이로
휘감아 도는
에스라인 물길에
석양이 번졌다
새해를 기다린다
順天灣 갯벌은
찬연한 황금색이다
겨울 철새들은
물길 모퉁이 갯벌에 앉아
떨어지는 햇살을 품고
자연을 노래한다

해수관음상

여수 돌산 바닷가
바위에 걸쳐있는
용월사 海水觀音像에
아침 햇살이 비춘다
바닷길을 지켜주는 해수관음상
거센 바람과 거친 풍랑을 헤쳐가는
어부의 뱃길을 보살피는 해수관음상
새해 아침에 바다의 안녕을 기도한다
아침 햇살이 해수관음상의 기도를 깨운다

2018.1 여수 용월사

2018.1 부산 기장

소나무 일출

한겨울 차가운 바람에
새벽을 기다리는 연화리
소나무 끝자락을 바라보며
붉게 일어서는 해오름이다
새벽 여명이 바다를 물들이고
아침 해는 바다 너머 오메가를 그리며
여명을 헤치고 바다에 붉게 오른다
그리움을 기다리는 소나무
바다를 품고 오르는 햇살에
새벽은 소나무의 기다림이다

2018.1 부산 기장

젖병등대

겨울 바다는 고요하다
새벽 바다의 여명에
젖병등대를 바라보며
오르는 햇살이
아침을 온통 붉게 물들인다
바닷바람 사이로
새벽 공기 마시며
바다를 맴도는 갈매기는
고깃배 나가는
어부의 시간을 알린다

2018.1 경주 삼릉

삼릉 솔숲

삼릉을 품고 서 있는 도리솔
천당에서 왕의 혼을 감싸고
천년을 서 있는 소나무 숲
신라 천년의 세월에 휘어지고 굽어진
老松은 서로 서로를 껴안고
비바람 세월에 역사를 가꾸며
천년의 혼을 보듬고 있다

2017.1 울산 강양항

강양항 해오름

새벽 여명에
붉게 물들어가는
울산 강양항에
동해 겨울 바다
아침을 깨우며
떠오르는 해오름
어이 그리도 찬연히
붉은빛으로 다가오는가

2017.1 화순

사랑나무

한겨울 찬바람 안고
해질녁 들녘 한 복판에
그리움 안고
봄을 기다리는 사랑나무
기다림은 그리움이어라
서산으로 넘어가는
석양에 물들은 노을빛
저무는 햇살에
그리움을 물들이고 있다
봄을 기다리는 사랑나무
무거운 침묵으로 서서
그리움에 기다림이어라

2017.1 양평

두물머리 일출

한겨울 찬바람 스치는
양평 두물머리
이른 새벽
세찬 한파에 꽁꽁
江은 깊게 얼어 꼼작달싹 못한다
산등성이 넘어 일어서는
붉은 햇살은
얼어붙은 江바닥을 지나
앙상한 겨울 나무 가지 사이로 떠오른다
겨울 아침은 이렇게
붉은 마음
차가운 침묵으로 두물머리를 찾는다

2017.1 담양

메타세콰이어 하얀 길

새벽부터 눈이 내리고
소복이 쌓인 하얀 눈길
메타세콰이어 길
시린 가슴으로 겨울을 걷는다
앙상한 가지에 눈발은
바람에 흩어지는데
연인은 뜨거운 가슴 안고
서로를 마주보며
하얀 겨울을 걷는다
순수의 마음을 모아본다
겨울은 이렇게 사랑을 품고
그대 하얀 속살에 내려앉는다

2018.1 부안

솔섬 일몰

거센 바람 해 질 녘
서해 바다를 품고
홀로 서 있는
변산반도 솔섬
붉은 노을 보듬고
지평선으로 떨어지는 해
소나무 가지 끝자락
龍이 如意珠를 무는 듯
붉은빛으로
솔섬에 해가 걸리고
노을빛 바다를 껴안은
해는 그만 어둠을 품는다

2018.1 화순 만연사

만연사 홍등

무등산 자락 만연사에
새해들어 함박눈이 내리고
대웅전 옆 배롱나무 가지에
하얀 겨울이 걸리니
紅燈에 눈발이 내려앉는다
세상은 고요한데
눈 내리는 만연사의 풍경소리
홍등에 내려앉은 하얀마음이
한겨울 홍시되어 홍등에 주렁주렁
겨울 추위에 까치밥 보시를 하려나

2018.1 장성

겨울 밭

겨울은 흰 도포 휘날리며
논밭에 그려진 하얀 세월
겨울 눈밭은 봄을 가꾸는
농부의 시간을 기다린다

2018.1 하동

부부송

붉은 들판 河東 평사리
지리산을 가슴에 안고
논밭 한 가운데
夫婦松 마주보고 서 있다
세월의 비바람 맞고
온갖 시련을 부데끼면서
역사의 상흔을 간직한 채
부부송은 그 자리 그대로 있다
매서운 겨울 한복판에서
지리산 찬바람 껴안고
섬진강 농부의 시간에
봄을 기다리는 부부송은
세월을 버티고 묵묵히 서 있다

2016.1 부안 내소사

내소사

눈 내리는 내소사에
전나무 숲길 지나
대웅전에 오르려
두 사람은
소나무 가지에 걸쳐앉은
하얀 겨울에 쌓여
마음의 번뇌 털고자
대웅보전 부처님께 머리 숙인다
두 사람은
서로의 마음을 모아
깊숙이 기도한다

2018.1 하동

하동송림

섬진강 겨울바람에
천년의 시간을 보듬고
아름드리 모여 있는 소나무
河東松林은 白沙青松이라
모래벌판 백사장에 푸른 소나무가
빛 줄기 사이 사이로
기개를 품고 유유히 흐르는
섬진강에 비추는 노송
강바람 사이 춤추는 솔숲에
지나는 과객은 발길을 멈춰
白沙青松에 한 잔 술 취하고
흐르는 시간을 붙들고 서성인다

2018.1 장성

빈 집

흰 눈밭에
하얀 지붕 덮고
홀로 앉아 있는
언덕 위의 하얀 집
고요한 명상의 집
봄날을 기다리는 집
마음의 평온을 채우는 집
순백의 하얀 마음을 담는 집
그리움에 기다림으로
그 집에 머물고 싶어라

2018.1 부산 기장

두 사람

침묵의 계절
겨울 바다에
동해의 새벽 여명을 안고
서서히 일어서는
붉은 햇살
매서운 바람 사이로
바다에 오르는
동해의 붉은빛
오르는 햇살 바라보는
두사람
그들의 겨울여행은
흐르는 시간을 보듬고
세월의 여백을 만진다

2016.1 장성 백양사

쌍계루

백암산에 둘러싸인
백양사
백학봉을 바라보고
흰 鶴이
날개를 펴고 있는 듯
쌍계루에
하얀 눈이 쌓였다
무심을 모아 놓은 듯
잔잔한 허공이다
나무에 걸린 하얀 눈
쌍계루를 바라보고
산수화 한 폭을 얻었다

2016.1 담양 송강정

雪松

눈 내리는 송강정 솔숲에
흰눈을 껴안고 우뚝 서 있는
雪中松白의 절개를 바라본다
嚴冬雪寒에 獨也靑靑이러니
송강정에 겨울이 깊다
눈발에 찬바람 몰아치는
한겨울 침묵의 시간에
흰 눈발이 날리는데
소나무 끝에 걸린 삭풍을 이겨내며
하늘을 우러러 꿋꿋하게 서 있는
雪松의 굴하지 않는 품격을 바라본다

2017.2 순천 와온해변

와온해변 낙조

순천만에 붉은 해 떨어지는데
저녁 노을은 갯벌에 주저앉고
산하는 온통 붉게 물들어 버린다
와온해변에 내리는 낙조
솔섬 지나 먼 산으로 넘어가는데
마음 따뜻한 햇살이 동백을 껴안는다

2017.2 부안

계화도 일출

서해를 바라보는 변산반도
그 반도의 북쪽 모퉁이 계화도
신새벽 찬바람 겨울을 가르고
간척지 들판에 일어서는 붉은 햇살
방풍림 소나무 숲사이
서해로 흐르는 강물로
떠오르는 일출
솔숲 껴안고 소나무 반영과 함께
강물 위에 붉은 햇살 퍼지는 계화도
신새벽의 밝은 희망이다

2017.2 정동진

정동진 일출

거칠게 출렁이는 동해
정동진의 파도를 껴안고
바다는 황금빛으로 물든다
먼 지평선을 뚫고
찬란하게 떠오르는 붉은 해
검푸른 파도는 햇살을 가르고
겨울 바다 신새벽을 깨운다
정동진의 붉은 해오름
바다의 힘찬 파도를 껴안고
모래시계 모퉁이
범선 위로 떠오르는 붉은 해
아침 하늘에 피어나는
새날의 힘찬 희망이다

2018.2 광주

대나무 잎새

기와지붕에 전통을 품고
대나무 烏竹 잎새들
우수 지나
겨울 끝자락을 스치고
봄이 오는 소리가
무등산 허리 휘감고 돌아
대나무 잎새 사이로 들려온다
대나무 잎새들
다소곳이 누워 춤추며
맑은 하늘 벗 삼아
찬바람 사이로 실려오는
따사한 봄날을 기다리고 있다

2018.2 담양 죽록원

雪竹

겨울 폭설 휘몰아치고
매서운 칼바람 몰아쳐도
굳은 지조 대나무
휠지언정 부러지지는 않는다
비움에서 강인함을 배운다
마디마디 비어 있는 여백에
비우면 부러지지 않고
비우면 넘어지지 않는다
한겨울 죽록원 대나무 숲
차가운 눈발 스쳐가는데
비바람 폭설을 버티는 세월에
雪竹의 굳은 지조를 느껴본다
죽향의 고결한 품격을 느껴본다

2018.2 영광

노을빛

서해 바다에
내려앉는
붉은 햇살
노을빛 머금고
지평선 너머로
떠나려는 시간
나는 그만
그 햇살 고은빛
보듬고자
작은 손 내밀어
노을빛 바다를 품고
붉은 해 마음에 담는다